평화 테라피

Peace Therapy

written by Carol Ann Morrow
illustrated by R. W. Alley

Originally published in the USA
under the title
Peace Therapy
Copyright © 1995 by Abbey Press
Saint Meinrad, Indiana
Korean translation copyright © 2012 by ST PAULS, Seoul, Korea

이 도서의 국립중앙도서관 출판예정도서목록(CIP)은 서지정보유통지원시스템 홈페이지(http://seoji.nl.go.kr)와 국가자료공동목록시스템(http://www.nl.go.kr/kolisnet)에서 이용하실 수 있습니다. (CIP제어번호 : CIP2012001067)

이 책은 저작권법의 보호를 받으므로 무단전재와 무단복제를 금합니다.
이 책 내용의 전부 또는 일부를 재사용하려면 반드시 저작권자와 성바오로출판사의 동의를 얻어야 합니다.

평화 테라피

캐롤 앤 머로우 글 R. W. 앨리 그림

석은영 옮김

여는 글

"주님, 저를 당신 평화의 도구로 써 주소서."

잘 알려진 아시시의 성 프란치스코의 기도는 이렇게 시작합니다. 프란치스코 성인은 기사의 권위와 명성을 누리며 전쟁에도 참전하고 감옥에 갇히기도 했습니다. 그리고 감옥에서 오늘날 우리가 '평화 치유법'이라고 부르는 새로운 소명을 품게 되었습니다.

아시시의 성인은 외적인 평화를 지키는 기사 작위를 내려놓고, 새로운 소명을 받아들이고 평화로운 사람이 되었습니다. 평화 안에서 견고해진 그는 늑대를 다소곳하게 하고, 술탄에게 맞섰으며, 죽음에게조차 평화의 인사를 건넸습니다.

하느님의 평화 안에서 현실을 바라볼 때 세계 곳곳에서 벌어지는 분쟁은 두려움과 시기심, 분노, 불신, 기만이 그 시작임을 알 수 있습니다.

우리 마음이 분열로 혼란스럽다면 집 앞에서 일어나는 다툼이나 외국에서의 전쟁에 대해 감히 비난할 수 있을까요? 외부적 상황은 그곳 사람들의 마음속 혼란을 고스란히 드러내는 거울입니다.

이 책은 휴대하기 쉽게 크기는 작지만, 글과 삽화를 통해 평화의 핵심을 잘 가르쳐 줍니다. 책을 읽는 모든 이의 마음에 평화가 깃들어 온몸으로, 즉 몸과 마음, 영혼과 가슴으로 평화를 살아가게 되기를 기대합니다.

1.

자신에 대해 편안해지십시오.
하느님은 우리가 영적으로 더 성장하기를
바라시지만,
있는 그대로의 우리를 사랑하십니다.
하느님의 자녀라는 사실만으로
우리는 이미 가치를 따질 수 없을 정도로
소중합니다.

Be at peace with yourself. Even as God calls you to growth and progress, God loves you as you are. You have worth beyond measure, for you are a child of God.

2.

도무지 바뀌지 않는 자신의 일면과는
투쟁하지 마십시오.
자신의 어두운 면, 약점, 단점도
장점을 인정하듯 받아들이십시오.
내면의 평화는
부족한 부분도 사랑하게 합니다.

*Don't make war with parts of
yourself that you can't change. Accept
your shadow side, your brokenness,
your weaknesses,
as well as your strengths. Inner peace
unifies the parts into wholeness.*

3.

자유롭게, 깊이 생각한 후
실천할 가치들을 선별하십시오.
그리고 얼마나 실천할지,
그 범위를 정하십시오.
자신과의 싸움은 자신만이 끝낼 수 있습니다.

Ground yourself in values that you've chosen with intent and deliberation. Then determine where your own attitudes and actions are at war with those values. Only you can end the conflict.

4.

과거에 입은 상처는
분노나 적개심, 불신이 되어
갑옷처럼 마음을 에워쌉니다.
그런 갑옷은 한 조각 한 조각씩
벗겨 내야 합니다.

Recognize if you've made resentment, distrust, hostility your armor against a world that has hurt you in the past. Commit yourself to remove this armor, piece by piece.

5.

턱과 주먹의 힘을 빼십시오.
무기도 내려놓으십시오.
긴장과 경계는
평화가 아니라 싸움을 위한 준비입니다.
평화를 구하며 자세를 편안히 하십시오.

Unclench your jaw and your fists and drop your weapons. When your posture is tense, guarded, and wary, you are preparing for battle, not for peace. Let your body be a diplomatic envoy in a world seeking peace.

6.

마음속에 품은 원수의 목록은
몸을 피곤하게 하고 마음을 굳게 합니다.
하느님의 선을 구하고 원수를 사랑하십시오.
원수의 목록이 사라질 때 평화가 찾아옵니다.

*Maintaining an enemies list
taxes your energy and hardens your
heart. Look for the good that God
sees; love your enemies.
When there are no enemies left,
there will be peace.*

7.

평화를 방해하는 것은 죄악입니다.
일상생활에서 맞닥뜨리는 불평불만에
고함을 치고 발을 구르며 초조해하고 있다면
지금 바로 멈추십시오.

Disturbing the peace is a crime.
When you rant and rave and stomp
and fret over life's petty grievances,
arrest yourself!

8.

누군가와 다퉜다면
먼저 평화로워지는 상상을 해 보세요.
평화로운 자신의 모습을 머릿속에 그린 다음,
상대와 화해하는 모습을 그려 보세요.
그 모습을 마음에 옮겨 놓고
이따금씩 흐뭇하게 바라봅시다.

*When there's someone with
whom you have conflicts,
begin to make peace in your
imagination. Picture yourself
at peace. Slowly enlarge the image to
include the other
person. Put that picture in
your mind's pocket and look at it with
love now and then.*

9.

화가 날 때는 분노의 원인을
곰곰이 생각해 보십시오.
나를 화나게 한 사람은
나보다 힘이 있어서가 아니라
그 자신이 불안정하고, 무지하고,
약하기 때문입니다.
강인해져서 나의 분노를 극복하고
용서로 나아갑시다.

Work through your anger. Those who hurt you do so out of their own insecurity, ignorance, and weakness, not strength. Be strong and move beyond your anger toward forgiveness.

10.

남에게 상처를 준다면
그것은 내면의 평화가 부족한 '내 탓'입니다.
할 수 있다면 그 상처를 낫게 해 줍시다.

Accept responsibility for the times when you've hurt others because you lacked inner peace. Make amends to them when you can.

11.

불만에 가득 차서 고양이를 발로 차고,
문을 '쾅' 닫고, 고함을 지르는 것은
평화로운 모습이 아닙니다.
잠재된 감정이 적절치 않은 형태로
터져 나오는지 잘 살피십시오.
숨어 있는 감정을 잘 다스려야 합니다.

Kicking the cat, slamming the door, honking your horn in complaint are not the postures of peace. Be aware of how your unexamined feelings burst forth in inappropriate ways. Deal with those feelings.

12.

평화는 사람들에게서
거부감의 벽을 만드는 차이점이 아니라
나와 닮은 점을 보게 합니다.
가치관이나 태도, 선택하는 바가 다르다고
서로를 구별 짓는 행동은 상처를 줍니다.
다름을 판단하기보다는
이해할 방법을 찾으십시오.

Peace sees similarities among people, not threatening differences that form barriers. Identify a difference—a value, an attitude, a choice—that threatens you. Don't judge that difference, but seek to understand it.

13.

지역을 통제하고 힘을 시험하고 싶은 욕심이 넘칠 때 끔찍한 전쟁이 일어납니다. 자기 안에 물질에 대한 욕심과 타인을 지배하려는 욕구가 자라고 있는지 살피십시오.
그런 욕심들을 떨칠 수 있다면 평화를 방해하는 난폭한 행동은 필요 없어집니다. 우리는 긴장한 보초병이 아니라 편안히 건너는 다리가 될 수 있습니다.

Terrible wars have begun over the control of territory and the exercise of power. Consider your own need to possess and have power over others. The more you can let go of this need, the less reason you have to disturb the peace by acts of violence. You can become a bridge instead of a border patrol.

14.

부드럽게 말하십시오.
거칠게 말하는 것은
마음속 어느 부분이 그렇다는 뜻입니다.
짜증, 저주, 불만보다는
평화와 정감이 담긴 단어로 말하는
습관을 들이십시오.

*Speak gently. If you hear
violence in your language, it comes
from a place within your heart.
Choose the vocabulary of peace and
serenity over words of damnation,
curses, woe, and complaint.*

15.

전화로 함께 저녁을 먹자고 제안할 때도
부드럽게 말하십시오.
거절보다는 흔쾌히 응할 것을 기대하며
명령이 아니라 초대를 하십시오.
그리고 느긋하게 대답을 기다리십시오.
평화는 쏜살같은 수다가 아니라
부드러운 대화에 실려 옵니다.

Use a gentle voice to call family members to the telephone, for dinner, or from play. Invite rather than command; anticipate cooperation rather than resistance. Be patient. Peace comes on soft wings, not in a thundering stampede.

16.

자신이 어떤 단어를 쓰는지 살펴봅시다.
성격이나 행동에 쏟아지는 혹독한 비판을
이롭게 이용하는 사람은 거의 없습니다.
칭찬과 인정이 담긴 단어로 말하세요.
그러면 평화도 싹틉니다.

*Measure your words of judgment.
People seldom benefit from harsh
criticism of their character or
actions. Choose words of praise and
acceptance, words that build peace.*

17.

현재의 상황을 평화롭게 받아들이십시오.
바꿀 수 없는 것들은 그냥 인정하세요.
바꿀 수 있고, 할 수 있는 것만 하십시오.
모든 것을 바꿀 필요는 없습니다.

*Be at peace with your
circumstances. Allow what
you have no power over to just be as
it is. Where you do have power and
something needs changing, do what
you can and then let go. You don't
have to fix everything.*

18.

자신만의 비밀스런 공간을 가지십시오.
집 안에 자신만의 안식처를 정해 놓고
기분이 복잡하거나 목소리가 높아질 때
그곳에서 시간을 보내십시오. 평화를 안겨
주는 책이나 그림, 물건과 함께….

*Declare a personal buffer zone.
Make one corner of your home a
haven, a sanctuary. When you feel
your temper fraying and hear your
voice rising, take time out there—
perhaps with a book, a poster, or an
object that whispers peace to your
heart.*

19.

과거의 평화를 기억해 두십시오.
평화롭던 시절과 장소를 떠올리고
현실에서, 혹은 마음속에서
돌아가 보십시오.
당시의 기쁨과 느낌을
현실로 불러들이십시오.

Treasure the peace of your past. Remember the times and places you have known peace, and return there in reality or in your heart. Bring the feeling, the grace of those moments to today's challenges.

20.

마음을 불편하게 하지 마십시오.
어려움이 언제 끝날지 알 수 없더라도
하느님의 도우심을 믿으며
마음을 편하게 가지십시오.

*Let your heart be untroubled.
Even though you can't see the end
of a difficult time, soothe your heart
with confidence in a Power beyond
yourself.*

21.

너무 바쁜 일상은 평화에 방해가 됩니다.
오늘 하고 싶은 일과
만나고 싶은 사람을 정하십시오.
다른 것들은 내일, 다음 주,
혹은 내년으로 계획을 세우십시오.
그런 다음, 오늘하기로 한 일에
즐겁게 집중하십시오.

Peace can be disturbed by too much coming and going. Decide which people and projects you want to invite into your day. Give other "visitors" appointments for tomorrow, next week, or next year. Then enjoy what you've chosen to give your attention to.

22.

불의를 마지못해 받아들이는 것은
평화가 아닙니다.
평화를 위협하는 것이지요.
평화를 위해 무엇을 해야 할지
신중히 생각하십시오.
하지만 불의를 제거할 때도
그 방법이 평화롭지 않거나
정의롭지 않으면 안 됩니다.

*Passive acceptance of injustice
is not peace; it is a threat to peace.
Recognize the threat and work for
justice. But take care to avoid methods
that are as unpeaceful and unjust as
what you're trying to eliminate.*

23.

평화로운 것은 조용한 것과는 다릅니다.
단호하게 행동하고 열정적으로 환호하면서도
평화로울 수 있습니다.
평화는 움직임이 없는 고요함보다 심오합니다. 평화는 우리의 '참여'를 요구합니다.

Being at peace is not the same as being placid. You can be assertive, firm, even passionate and bold, yet be at peace. Peace is deeper than the quiet of inaction. Peace requires your participation.

24.

다른 사람의 분노를 들어 주는 것도
평화로운 행동입니다.
참견할 틈을 노리면서 듣지는 마십시오.
온 마음을 집중해서 듣는 사이에
상대의 마음에서 평화가 자랍니다.

Listening to others express their feelings—including anger—is an act of peace. Don't hear just to determine when you can inject your own words. When you're fully present in your listening, you invite another to locate the peace within.

25.

평화는 친구에게 건네는 꽃다발 같은 것이 아닙니다. 하지만 우리 자신이 꽃다발이 될 수는 있습니다. 다른 이들의 마음속에 평화의 씨앗을 심고 싶은 생각이 들도록 꽃다발의 향기로 사람들을 유혹하겠지요.

Peace is not simply a bouquet you can hand to a friend. You can, however, be that bouquet yourself. And the fragrance may entice others to transplant tiny seedlings of peace in their own hearts.

26.

일부러 자신을 평화롭게 할 필요는 없습니다.
이미 내 안에 와 있는 하느님의 평화가
나를 통해 다른 사람에게도 흘러가도록
잠자코 있으면 됩니다.
순조로운 흐름을 가로막는다면
평화의 방해물이 되는 것입니다.
자신을 평화의 통로가 되게 하십시오.

You don't have to "make" peace yourself, but simply allow the peace of God—already present—to flow through you to others. If you block its gentle current, you force it to chart a course around you. Be a channel of peace.

27.

평화가 아득해 보일 때는
하루쯤 휴전하십시오.
스물네 시간 동안 무기를 내려놓고
긴장을 풀고 쉬십시오.
이따금 평화를 연습하면서
하루를 보내십시오.

*Call a day's truce if peace
seems too much to achieve.
For twenty-four hours, hold your fire,
lower your weapons, let down your
guard, and relax. Practice peace one
day at a time.*

28.

일상의 평화를 지켜 내는 나의 노력은
사소한 것이지만, 세계의 평화도
똑같은 방법으로 유지됩니다.
비난을 멈추고, 두 팔에 힘을 빼고,
얼굴을 맞대고 대화하며,
기본 원칙에 합의하고 존중하는 것.
연습하면 자신의 삶을 비무장 지대로 만들 수 있습니다.

Your peacekeeping may be local, but it's the same as an international mission: to stop sniping, lay down arms, talk face-to-face, agree on basic principles, honor the agreement. With practice, you can declare your life a demilitarized zone.

29.

작은 친절을 실천하십시오.
친절은 마음이 나약한 사람에게 용기를 주고
굳은 마음을 풀어 주며
상처 입은 마음을 편안하게 해 줍니다.

Practice random acts of kindness. They will strengthen the fainthearted, confuse the hardhearted, and comfort the disheartened.

30.

자신을 평화롭게 해 주는 것들을 골라 두십시오. 좋아하는 노래나 시, 기도문을 정해 놓았다가 기분이 가라앉을 때마다 흥얼거리고, 읽고, 기도합시다.

*Choose your own peace theme—
a favorite song or hymn or poem or
prayer. Hum, sing, read, or say it
when you feel under siege.*

31.

인디언들이 평화의 파이프를 나누는 것처럼
우리도 자신만의 물건을 나눔으로써
잠시 평화를 만들 수 있습니다.
꽃 한 송이, 쿠키 한 조각, 안부 편지나 메모
로도 평화로운 분위기가 만들어집니다.

*Just as Native Americans share
the pipe of peace, you can create
a moment of peace by sharing
something of your own: a flower, a
cookie, a handwritten note, a greeting
card. Your act builds a positive and
peaceful atmosphere.*

32.

평화의 징조를 찾으십시오.
분쟁이 해결되고
가족들이 다시 모이고
서로가 서로를 도우며 어깨동무를 합니다.
지금도 천사들은 '세상의 평화'를 노래합니다. 희망을 놓지 마십시오.

*Search for signs of peace:
conflicts resolved, families reunited,
people helping people, people joining
arms instead of bearing them. The
angels' chorus of "Peace on Earth"
still resounds. Let its melody sustain
your hope.*

33.

날마다 평화로운 세상을 떠올리십시오. 국경을 넘어 자유롭고 공정한 교류를 하며 무기가 아니라 쟁기와 호미를 만드는 세상을! 모든 발명과 실천은 상상에서부터 시작됩니다. 평화를 떠올리십시오.

Every day, imagine the world at peace. Imagine open borders, free and fair trade, weapons melted into plows and hoes. Every invention, every action, was first imagined. Think peace.

34.

평화는 형체도, 소리도 없이 찾아오지만 구름처럼 실제로 존재합니다.
평화는 세상을 축복하는 힘이 있습니다.
평화는 하늘의 행복을 세상에 깃들게 합니다. 평화의 힘을 굳게 믿으십시오.

Peace is as real as the clouds, which—though they appear wispy and insubstantial—hold power and blessings for the earth. As they grace the sky, so will peace grace the earth. Believe in the possibility, the reality of peace.

35.

평화를 불러오려면
자신이 평화로워야 합니다.
평화는 사람들 마음속에서 시작됩니다.
평화를 전달하는 사람들에게는
하느님의 축복이 내립니다.

To make peace, you must be at peace. Peace begins in each individual heart. Blessed are the peacemakers.

캐롤 앤 머로우는 두 권의 치유 테라피를 지었고, 애비 출판사에서 출간했습니다. 그리고 십대들을 위한 잡지 『Youth Update』의 편집장입니다. 결혼했으며, 프란치스코 수도회의 재속회원입니다.

애비 출판사 "Elf-Help books" 시리즈의 삽화를 그린 **R. W. 앨리**는 부인, 아들, 딸과 함께 로드아일랜드 주 배링턴에 살며 어린이 책도 쓰고 그림도 그립니다.

닫는 글

애비 출판사의
꼬마 요정 이야기

애비 출판사에서 시리즈물로 나온 "Elf-Help" 책들과 그 책에 그려진 멋진 꼬마 요정들은 1987년 『Be good to yourself Therapy』라는 작은 책에서 처음 태어났습니다. 편집 위원들의 상상력에 R. W. 앨리의 독창적인 그림으로 태어난 요정들을, 작가 체리 하트만이 자기 성장을 위해서 독자들에게 전하는 따뜻한 조언들과 함께 적절하고 재미있고 현실감 있게 완성했습니다.

독자들의 반응이 너무나 커서 곧이어 다른 "Elf-Help" 책들이 나왔습니다. 이 시리즈물이 계속 나오면서 이와 관련된 다양한 상품들도 만들어졌지요.

처음에 나왔던 책들에서는 무척이나 귀여운 꼬마 요정이 모자를 쓰고 나왔는데, 시시각각 변하는 초를 모자 꼭대기에 달고 있는 모습이 참 인상적입니다. 나중에는 머리에 꽃을 꽂은 예쁜 여자 요정도 태어났습니다. 이 발랄하고 사려 깊고 친절하고 사랑스러운 두 요정은 다른 꼬마 요정들과 함께 하느님 사랑의 신비, 인

생에서 만나는 기적, 온전함과 평온함, 기쁨과 경이로움, 즐겁게 놀면서 함께 만들어 가는 것들에 대해 이야기하며 우리에게 진정으로 중요한 게 무엇인지를 알려 줍니다.

　지혜롭기도 하고 가끔은 색다른 놀라움도 주는 이 작은 요정들, 긴 코를 자랑하는 이 요정들과 함께 진정으로 풍성하고 충만한 삶을 살아가는 법을 배워 보세요.

'테라피 시리즈'

『스트레스 테라피』(2009)

『믿음 테라피』(2009)

『기도 테라피』(2009)

『걱정 테라피』(2009)

『우울증 테라피』(2010)

『자기 사랑 테라피』(2010)

『영적 공허 테라피』(2010)

『외로움 테라피』(2010)

『대인 관계 테라피』(2011)

『용서 테라피』(2011)

『단순한 삶 테라피』(2012)

『평화 테라피』(2012)

『감사 테라피』(2013)

『받아들임 테라피』(2013)

『갈등 해소 테라피』(2013)

『고통 테라피』(2013)

평화 테라피

글쓴이 : 캐롤 앤 머로우
그린이 : R. W. 앨리
옮긴이 : 석은영
펴낸이 : 서영주
펴낸곳 : 성바오로
주소 : 서울특별시 강북구 오현로7길 20(미아동)
등록 : 7-93호 1992. 10. 6
교회인가 : 2012. 3. 2
초판 발행일 : 2012. 3. 26
1판 5쇄 : 2025. 4. 2
SSP 946

취급처 : 성바오로보급소
전화 : 944--8300, 986--1361
팩스 : 986--1365
통신판매 : 945--2972
E-mail : bookclub@paolo.net
인터넷 서점 : www.paolo.kr

값 5,500원
ISBN 978-89-8015-792-1